"家校慧"丛书
郁琴芳 / 主编

百分爸妈
家有小儿须鼓励
（三年级）

褚红辉　沙秀宏　主编

上海社会科学院出版社
SHANGHAI ACADEMY OF SOCIAL SCIENCES PRESS

"家校慧"丛书

主 编 郁琴芳

《百分爸妈》家庭教育系列校本读物编委会

主 编：褚红辉 沙秀宏

编 委（排名不分先后）：

卢瑾文 徐雯瑶 胡晓敏

高世裔 张怡菁 何夏天

吴 萍 徐 智 叶水妹

刘双燕 张冬梅 王群英

韩佳微 徐 丹 徐程魏

俞军燕 陈 凤 朱 燕

金 晔

序

  《百分爸妈》是奉贤区江海第一小学为了加强家长教育，引领家长学习而组织编撰的一套校本家庭教育指导读物。本套书共5册，依据小学生心理认知规律和学校的生源特点进行内容规划、模块划分和问题设计，易于家长和学生使用。书很薄，却很有价值。

  这显然不是一套高深莫测的学术专著，而是一本本实实在在、朴实无华的家长读本。我读过很多家庭教育的专著论文，但大多由于理论术语的晦涩性和叙述方式的学术性而不适合家长朋友阅读。这套丛书的价值就在于并不追求高深的理论，甚至也没一般区域层面读本华丽的叙述框架，完全"接地气"，透着一股浓浓的"江海味"，旗帜鲜明地提出家长教育的目标是——"百分爸妈"：倡导家长不是要追求百分之百的完美，而是要通过五年的陪伴和学习，成长为合格家长。

  这显然不是一套个人闭门造车的读本，而是一本本校长、教师、家长对话的成果集。孩子的健康、快乐成长是家校共育永恒的追求，但共育永远不是学校自编自演的独立剧本，亦不是校长和教师从学校实际出发，甚至是从学校便利角度出发的"独角戏"。家校共育需要沟通、互动，需要基于平等和信任的"对话"机制。在这套丛书的编写过程中，有许许多多家长的本色参与，不会因为各种客观原因就望而却步。学校的编写组也想尽一切办法与家长对话，从编写体例、叙述方式、表达字眼等方面虚心听取家长意见。必须要为这样上上下下的方式点赞，因为你们心中有彼此！

  这显然不是一套会被束之高阁的成果集，而是一本本影响学校与家庭生活的记录册。市面上各式家长读本种类繁多，有的可能从出版之日开始就意味着使命的完成。江海一小的《百分爸妈》却如此别具一格，因为它具备校本化使用的特点。据校长介绍，《百分爸妈》出版后会让全校家长根据对应年级开展读本的常态化使用。我们知道，家庭教育指导的难点即在于，家长往往"听听很激动，回到家一动不动"。有了读本作为家、校的桥梁，作为家长学习和反思的载体，家庭教育和家庭教育指导应该就没有那么难了吧。

  一般来说，图书的序仅是必要的装饰物，可有可无，读者甚少。不过，如果您是江海一小的家长朋友，而您也认真读过这篇短短的序言，我一定要给您满满的点赞：谢谢您愿意学习，谢谢您坚持改变。你们果然都是我心目中的"百分爸妈"，加油！

上海市教科院家庭教育研究与指导中心

郁琴芳

·江海第一小学好家长标准十二条·

1. 放下手机,带孩子多参加运动,多看看外面的世界。
2. 耐心倾听孩子的话,听清楚了再作判断。
3. 多鼓励孩子,接受孩子的不完美。
4. 不偏心,给每个孩子同样的爱。
5. 学习不是孩子的"专利",要和孩子一起学习,共同进步。
6. 善于发现孩子的闪光点,不与别人家的孩子作比较。
7. 答应孩子的事,要说到做到。
8. 不随意打骂孩子,教育孩子要讲道理,摆事实。
9. 辅导孩子功课心态平和,不抱怨、不发火,好好说话。
10. 陪孩子积极参加学校活动。
11. 不在孩子面前吵架,为孩子创造温馨的家庭氛围。
12. 孝敬祖辈,和睦邻里,做孩子的表率。

·江海第一小学好孩子标准十二条·

1. 讲文明、懂礼貌、不说粗话。
2. 爱清洁、讲卫生、衣着整洁。
3. 上课认真听讲,每天自觉、独立完成作业。
4. 凡事不拖拖拉拉,今日事,今日毕。
5. 自觉阅读课外书籍,不用督促。
6. 不依赖父母,自己做力所能及的家务小事。

7. 积极加强体育锻炼,劳逸结合。

8. 按时吃饭,不挑食、不浪费,少吃零食饮料。

9. 理解父母,不和父母吵架,多和父母沟通。

10. 孝亲敬老,爱护幼小,大人的事帮着做。

11. 适当学习课外兴趣,培养自己一技之长。

12. 不沉迷电子游戏,绿色上网。

目 录

第一单元　导入篇 / 001

身心秘密 / 003

江小少年 / 007

百分爸妈 / 009

第二单元　问题篇 / 017

第一节　学习与生活 / 019

孩子没有时间观念 / 019

孩子不重视小学科 / 023

孩子在家不爱劳动 / 028

第二节　自我与品德 / 035

我家孩子爱出风头 / 035

我家孩子推卸责任 / 040

我家孩子没有主见 / 044

第三节　沟通与交往 / 049

孩子总是双重标准 / 049

孩子不会关心他人 / 055

孩子经常太过较真 / 060

第三单元　提高篇 / 067

要尊重孩子的天性 / 069

培养良好学习习惯 / 072

调动学习的积极性 / 075

培养孩子的自控力 / 078

在犯错中教育孩子 / 081

家长必读 / 085

第一单元

导入篇

【单元导言】

在孩子的成长中,时间总是过得很快。二年级一晃而过,三年级已经到来。随着升入三年级,孩子成长了不少,在各个方面也和二年级时有所不同。本单元中,我们将从三年级孩子的身心秘密、学校对孩子的成长目标以及家长该如何引导孩子这3个方面进行分析和解读,为三年级家长们提供一些参考意见,更好地引导孩子成长。

身心秘密

一转眼，二年级的时光很快就过去了，孩子马上就要上三年级了。这一年中，孩子已经爱上了校园，不管是智力还是身心都成长了许多。但是长大一岁之后，孩子的身心和思维都有了一些变化，家长们也要及时了解孩子的变化，陪伴孩子成长。一起来看看三年级的孩子的身心秘密吧！

一、心理特点

1. 外向性

三年级的学生做事积极，什么都想听一听、看一看、干一干，但又缺乏耐心。他们活泼开朗，愿意主动参加集体活动。这是求知欲旺盛、身体发育迅速的表现。

与二年级孩子明显不同的是，三年级孩子的朋友多起来了，互相联系，成群结队地玩耍，看上去他们的关系非常好。

2. 受批评也不生气

这一阶段的孩子行为多变好动，对什么都想看个究竟，去什么地方手脚都停不下来，按铃、看相册、摆弄人家的玩具等，因此常常受到指责和批评。但是，在大多数情况下，这种指责只起短时间作用，孩子不会生气，过一会儿就故态复萌。

3. 初步懂得趋利避害

三年级的孩子开始表现出趋利避害的心理特点，对自己有利的事就做、有利的话就说、不利的事就躲避。这是孩子道德观念形成过程中的一个重要时期。

在这个阶段，孩子还不懂得如何合理反驳。比如，与同学吵架时，当老师询问吵架的理由，双方只拣对自己有利的说，不利的话则不说。与二年级时故意说没有作业、想出去玩的表现相比，动机产生了很大的不同。二年级时的动机往往很简单，而三年级学生是有意识地回避对自己不利的一面。

所以，不管是孩子与家里人发生争执，还是和别人吵架，家长、老师一定要听双方的意见，做出自己的判断。在做完一件事时，要从失败的地方开始总结，告诉孩子：不敢承认自己的错误是世界上最不勇敢的人。

4. 推崇有力量的英雄

三年级的孩子开始崇拜有力量的英雄人物。除了动画片中的英雄之外，电影、电视中的主人公形象、影视明星、体育明星、歌星舞星，都会成为他们的偶像。这个阶段推崇学者、科学家的孩子很少，对于自己班级学习优秀的学生也并不会崇拜。

孩子对崇拜的人物有时会达到入迷的程度。在有力量、个头高的高年级学生面前,孩子会表现得服服帖帖,对这种"孩子王"言听计从,经常聚在一起活动,仿佛是校园小团伙。

二、学习情况变化

三年级孩子的压力已经相当明显,老师的授课量很大,又有许多家庭作业。指导孩子掌握必要的学习方法便成为家长老师共同的义务和责任。

1. 能力需求变化

首先,三年级学生已经具有一定的观察能力。家长要提示孩子观察身边的事物,写出自己的体会,提高孩子的综合观察思考能力。

其次,三年级学生已经表现出一定的创造力倾向。家长和老师应有意识地注意孩子的创造性活动,必要时可以按照测量表来测试一下创造力情况,以便鼓励孩子更好地成长。

此外,三年级的孩子运用乘法口诀计算是一个难关。在三年级数学教材中还增加了一些过去高年级出现的内容,这就要求学生有一定的判断和推理能力。

2. 学习方法变化

关于学习方法,目前的教学中主要采用听觉手段进行灌输式教学。据调查,学生中有70%是用听觉学习,30%用视觉学习,一旦改变方式,学生反而无所适从。

三年级时,一些重要的学习方法和习惯开始产生,家长、老师要及时观察学生的变化,不要随意改变孩子的行为。要从孩子的角度体会当时的心理状态，协助孩子解决存在的问题，鼓励孩子自己寻找解决问题的办法，不能总打电话求助他人，也不能总是等着老师第二天的讲解。

三、成长习惯变化

1. 开始劳动

三年级的孩子应该懂得并开始能够帮助大人做一些辅助劳动。这个年龄的孩子兴趣很难持久，只能让他们做一些简单的、马上就可以完成的事情。花费时间较多时，告诉他怎么做或者让他干一会儿就可以了，不能作为劳动力长时间使用。

2. 喜欢逞能

这一阶段的孩子不懂得自己的真实力量有多大，有时候在别人面前逞能。在大人面前会成为笑话，但是在比他小的孩子面前或独自在家时容易发生意外。

3. 外出安全

要注意的是，由于三年级孩子的求知欲较强，加上对空间和时间的概念模糊不清，容易发生离家远走或丢失的事件，家长要密切关注孩子外出的安全问题。

江小少年

从二年级升入三年级，孩子身上被学校寄予了更多的期望。学校希望每一个江海一小的学生都能成长为一个优秀的人，对不同年级的学生提出了成长目标。一起来看看学校对三年级孩子的期望吧！

三年级学生成长目标	
目标	内容
热爱祖国，热爱家乡	1. 知道国旗、国徽、队旗、队徽的涵义及首都和祖国在世界上的地理位置常识； 2. 了解祖国和家乡的传统节日，能说出1～2个节日的来历和习俗； 3. 积极参加学校的民俗活动
热爱学习、勤奋好问，养成良好学习习惯	1. 每天早晨能自觉早读，能自觉做到预习、及时复习，巩固所学知识； 2. 做完作业能认真检查，作业质量高，养成科学的学习习惯和学习方法； 3. 有一定的自主学习能力

(续表)

三年级学生成长目标	
目标	内容
学会关爱、帮助他人，在爱心中快乐成长	1. 主动替父母、师长做2～3件力所能及的事； 2. 学会尊重和帮助弱势群体，每学期做4～5件好事； 3. 诚实守信，答应别人的事情要努力做到
学习"微笑待人""主动打招呼"的好习惯，注重日常礼仪训练	1. 学会并能使用待客礼仪迎送、招待客人； 2. 为中队献上一盆花或一本书，参与中队的文化建设； 3. 谈吐举止文明，具有良好的精神风貌
文明守纪，养成良好行为规范，促进全面发展	1. 遵守学校纪律和班级规范，尊重老师和同学； 2. 遵守课堂纪律，上课专心听讲，有想法积极发表； 3. 课间文明活动，轻轻走路，轻声说话
学会自己的事情自己做	1. 保持地面无纸屑，桌椅排成一条线； 2. 在校园内见到纸屑垃圾能主动捡起来； 3. 学习和运用垃圾分类的小知识
有健康的体魄，健康的心理	1. 坚持每天认真运动一小时； 2. 参加学生体质健康标准测试，成绩优良； 3. 有2～3项自己擅长的体育项目
学会保护自己，平安快乐	1. 遇到意外事情会想办法解决或向成年人求助； 2. 知道生活中容易引起火灾的原因，知道发生火灾时如何自救； 3. 能主动劝阻不文明的游戏行为
热爱撕纸艺术，学会动手操作，具有想象力和创造力	1. 能徒手操作撕出简单的图形，如单个人物等； 2. 能够自己创造并撕出简单的图形，如动物等
喜欢诵读经典诗文，感受阅读的乐趣，在诵读中学会做人、获取知识	1. 喜欢阅读各种课外书，感受阅读的乐趣，爱护图书； 2. 有自己的藏书5本以上，每学期阅读2本以上书籍

百分爸妈

长大了一岁,孩子已经是三年级的小学生了。在过去的一年里,在孩子和家长的共同努力下,孩子成长为了优秀的二年级学生。到了三年级,孩子也想继续成为让父母、老师自豪的江海学子。家长不仅要为孩子感到骄傲、支持孩子,更要根据这个年龄阶段孩子的身心秘密和学校对孩子的成长目标,对孩子进行适当的引导,为孩子制定成长计划。一起看看该怎么做吧!

一、学习引导

(一)培养孩子良好的学习习惯

孩子在上一二年级的时候,有些家长工作繁忙,对孩子采取了完全放任自流的态度。孩子当时所学的知识比较简单,靠着小聪明也取得了比较好的成绩,这就容易使家长忽视孩子学习习惯的培养。进入三年级后,学习任务加重了,以前的小聪明不够用了,很多问题就暴露出来了。因此,在这个阶段,家长一定要赶快调整自己的做法,适当干预,教育孩子重视学习,培养孩子良好的学习习惯。

1. 坚持必要的监督检查

有些孩子升入了三年级仍然不会听讲,上课时经常玩橡皮、玩笔。对这种情况,家长首先要做的是和孩子一同清理书包、铅笔盒、课桌肚,把凡是可能分散孩子注意力的东西清走,而且要求他摆放整齐。孩子的学习用具不要用那些功能多、形象可爱、有游戏性的,尽量买那些功能简单、外形一般的。孩子可玩的东西少了,他上课注意听讲的可能性就大了。

家长还要经常询问孩子今天老师讲了什么,你学会了什么,有什么地方没有听明白。这既是对他学习状态的一个督促,也能考察出孩子上课是否在听讲。刚开始的时候,家长不要问一两句就完了,一定要多追问几句,甚至还要有检查。比如,孩子说老师今天讲某一课的字词了,家长就可以给他听写一遍,看看他掌握的情况如何。只有这样才能真正检查出孩子上课是否在听讲,听讲的认真程度怎么样。

2. 培育孩子学习的积极心态

外界环境对孩子的影响、监督是一方面,要想有根本性的改变,还得调动孩子自己的内驱力,当他对学习真正有了积极性的时候,孩子的学习状态、学习成绩自然也就好了。所以,家长要想办法培育孩子学习的积极心态。

比如,当孩子自觉完成了作业的时候,家长可以这样说:"今天你能够按时完成作业,妈妈很为你高兴。你现在可以去玩了。"孩子自然很快乐地去玩了。通过这次体会,孩子就会比较出自觉写作业和在家长的催促下写作业在心情上的区别了，孩子当然愿意选择第一种。

3. 与老师合作创造好的学习环境

孩子在学校表现究竟如何，家长不清楚，所以如果孩子目前还没有养成良好的学习习惯，家长要积极地与老师取得联系，了解孩子在学校的表现，询问老师家长需要做什么，必要时还要请老师帮忙，为孩子创造一个良好的学习环境。

比如，孩子听讲习惯不好，上课经常玩东西，或者和旁边的同学说笑，那么要与老师协商把孩子的座位调到前面，在老师的密切注意下，孩子就会收敛许多，听课的注意力也会随之增强。如果孩子的个子比较高，老师认为他坐在前面会影响后面同学看黑板，只能让他坐在后面，家长也要和老师商量上课时多关注孩子，看到他玩东西或随便说话了，及时提醒他，平时多看他几眼，上课时最好多提问他，这些都能有效地控制孩子的注意力。

如果家长在家里正在努力培养孩子良好的学习习惯，孩子也确实在一天一天地进步，家长要把这个过程清楚地告诉老师，请老师在学校多鼓励他，多帮助他，无形当中老师与家长形成了合力，孩子就会进步得更快。

(二) 培养孩子学习的独立性

孩子在上一二年级的时候，有些家长唯恐孩子学习落后，就搞起了"全程监控"，每天不但看着孩子写作业，而且在孩子学习遇到困难的时候就马上帮孩子。两年下来，孩子的学习成绩可能一直领先,但是独立学习能力却没有得到提高。

进入三年级以后,语文课增加了阅读分析和作文,数学题目也更难了,有些家长辅导就力不从心了。孩子失去了家长的支撑,学习马上就滑落下来了,家长着急,孩子失落。只有着手培养孩子独立的学习能力,才能从根本上扭转这种局面。

1. 家长根据作业类型调整监控力度

对于像抄课文、计算等比较简单的作业,家长可以不监控,让孩子自己预估写完作业需要的时间,把每项作业和所需时间都写在纸上,然后桌上摆一个小闹钟,让孩子看着时间做作业。如果孩子注意力不够集中,家长可以在旁边看看书、织织毛衣,起到监督的作用。

对于有一定难度的作业,家长可以采取中度监控的做法。当孩子说"这道题我不会,教教我"时,先让孩子认真读几遍题,自己思考。如果孩子还说不会做,家长可以让他回忆老师平时在讲此类题目的时候是怎么讲的,说过哪些思考的方法、步骤,让孩子用这些方法去尝试,基本上也能解决。如果孩子平时上课时没有注意听老师讲方法,可以让孩子给同学打电话问问思考的方法,一定不要让同学告诉他答案。在孩子掌握了方法之后,家长可以让孩子运用这些方法去思考,尝试着做题。

随着孩子年龄的增长,家长对孩子学习的监控力度应该逐渐减弱,只有这样,孩子独立的学习能力才能增强,从而把学习真正当作自己的事情。家长要帮助孩子找到解决问题的途径,然后让孩子自己去做，这样孩子才能慢慢地从完全依靠家长变为独立地学习、思考。

2. 帮助孩子提高写作业的效率

有些家长经常抱怨自己的孩子写作业的时候总是磨蹭，只要写作业，家长就得在旁边监督，否则他就一直在玩，完全不着急。家长想放手，但是放不开。

家长可以尝试在孩子写作业之前先让他预计此次写作业大概要花费的时间，然后以挑战的口吻问他："你能不能做到在自己规定的时间内写完作业？"大多数孩子会回答："能。"然后家长可以像发令员一样说："好，现在开始！"此时，孩子会马上投入写作业的紧张状态。

如果过了一会儿，你发现孩子开始玩了，你可以轻声为他提醒时间，如"你还有10分钟"，让孩子有紧迫感。如果孩子在预计的时间内完成了作业，可以给予小的奖励，比如看半个小时的动画片等。如果孩子没有在预计的时间内完成作业，也不要指责他说话不算数，而是要和孩子一同分析一下原因，找到原因之后，下次写作业之前仍旧让孩子估计所需的时间。有了上次的经历，孩子这次就会吸取教训了。这个方法坚持下去，孩子写作业就会越来越快，而且孩子一旦掌握了自己的做题速度，考试时也就能够做到正确控制时间了。

3. 利用孩子要独立的愿望鼓励他主动学习

一二年级的孩子自己没有太多主见，大人怎么安排，他就怎学，缺乏主动性。上了三四年级，孩子心理逐渐成熟，思维逐渐活跃，开始有自己的想法了，对于父母、老师的安排不太愿意全盘接受了。家长要抓住孩子的这种心理特点，鼓励他独立、主动地去学习。

比如，当孩子主动提出要看一些课外书的时候，家长应该满足孩子的要求。哪怕他看不懂，哪怕他只是随便翻一翻就放下了，哪怕这本书与考试没有密切联系，也要给孩子买。家长要明白，翻一翻这些书总会有收获的，饱览群书的孩子知识基础会比较厚实，这是非常有利的。

二、思维训练

三年级的孩子需要吸收大量的知识，进行较为复杂的脑力劳动，而这有赖于思维能力的提高，所以在孩子进入三年级后，家长务必注意提高孩子的思维能力。

（一）培养孩子站在别人角度想问题

现在的孩子多是独生子女，家里人对其宠爱有加，总是千方百计地讨孩子的欢心，在这种家庭氛围中长大的孩子，做事情、想问题时就习惯以自我为中心，很少去考虑别人的感受。他们思考问题的方式是单一的，这种思维方式的简单化还会造成人际关系紧张。要解决这个问题，就需要家长有意识地培养孩子学会站在别人的角度想问题。

首先，在和孩子相处的过程中，家长要能够及时说出自己的内心感受，孩子之所以不理解家长的很多苦心，其中一个原因是很多家长从来不说出自己的内心感受。其次，家长在谈论问题的时候要多从别人的角度出发，为孩子树立好的榜样。再者，家长要多问问孩子别人会怎么想。有时候孩子们之间产生了一些小矛盾，是因为彼此都只考虑了自己的感受，只觉得自己最委屈，所以互相生气。如果家长此时问问孩子，当你这么说话、这么做的时候，他会怎么想，他会有什么感受，孩子就会理解对方，从而不那么生气了。当孩子学会从自己和对方两个角度去想问题了，孩子的思维就得到了训练。

（二）让孩子事先考虑自己做事的后果

三年级的孩子思维活跃了、见识广了，胆子也就比以前大了，有些孩子开始不完成作业，上课捣乱、下课打架，甚至搞一些恶作剧。面对这样的孩子，家长该怎么办呢？

孩子闯了祸之后，家长要问问孩子他在做这件事情之前是否想过后果。如果他说想过，那就要问问他，他准备如何面对这个后果；如果孩子说没想过，就要告诉他，以后再做类似的事情之前先冷静下来，想一想自己这么做的后果是什么，这样的后果会给对方、给自己、给家长、给老师带来什么，想清楚了之后再决定是否要做。当一个孩子能够去预想一件事情的后果的时候，他再做事的时候就谨慎了。

（三）让孩子知道处理同一件事情可以有不同的方法

三年级的孩子由于受其家庭环境的影响，受其成长经历的影响，已经开始形成一些习惯性思维，加上他们此时的年龄比较小，思维方式比较简单，所以处理问题的方法也相对单一。有的孩子只要遇到困难就说"我不会"，有的孩子只要别人一招惹自己，马上挥拳相向。这样的处理结果并不好,孩子的情绪、心理也会受到伤害。所以,如果家长发现孩子只要一遇到某种情况,就会做出某种举动,而这种举动又是错误的,就要考虑孩子在处理问题的方法上是否比较单一了。

孩子处理问题的方式单一,是因为他们的思维方式单一,以为处理这类问题只有这一种方法。所以,家长要拓展孩子的思维,让他知道其实处理同一件事情可以有不同的方法,在处理之前要先想一想哪种方法更合适,然后再去做,效果就会不一样了。家长在平时要多和孩子在这些方面进行交流,告诉孩子解决一个问题可以有多种方法,慢慢地孩子就会举一反三了。

现在有很多训练思维的游戏书,家长可以选择适合孩子年龄阶段的书,让他在闲暇的时候看一看,这对于提高他的思维能力,尤其是逻辑推理能力是非常有好处的。

单元小结

本单元中,我们通过3个部分来帮助家长了解孩子进入三年级后的情况。三年级孩子性格外向活泼,做事积极,对任何事物都充满了好奇心,一些基本的能力已经形成。学校根据三年级的孩子的特点,对他们提出了成长目标。基于这些特点和目标,家长们要用合适的方法引导孩子,让他们形成良好的注意力,产生良好的集体意识,养成热爱劳动的习惯。

第二单元

问题篇

【单元导言】

在上个单元中,我们从3个方面了解了孩子升入三年级需要面对与接受的东西。然而在成长过程中,孩子身上会出现各种各样的问题,让家长们头痛不已,却不得不重视。在本单元中,我们将会从一些具体问题入手,帮助家长更好地引导孩子,让每一个孩子都能健康成长。

第一节　学习与生活

孩子没有时间观念

· **教育小剧场**

小芳是三年级的小学生，妈妈总说小芳没有时间观念。晚上回家做作业，应该十分钟完成的作业，小芳没有半小时是完不成的；每天早晨，小芳都要妈妈把她从被窝里拽起来；学校七点五十要上学，七点半了小芳还在磨蹭吃早饭呢。虽然一早上都是妈妈的催促声，但小芳充耳不闻，几乎天天如此。

· **智慧解码**

作业不能按时完成，考试不能按时交卷，起床、上学总是拖拖拉拉，一天到晚匆匆忙忙却徒劳无功……这些都属于孩子缺乏时间管理策略的表现。然而对小孩子来说，时间是一个摸不着、看不见的抽象概念。

要教会孩子管理好自己的时间，只有持续不断地通过生活中的具体事件来锻炼，让他们反复练习，这样才能对时间的意识转化为有规划的行动，并能按照规划去更好地利用时间。

简单地说，能按照既定的规划去利用时间，把要做的事在规定的时间内完成，就是孩子对时间的管理。

·教育三分钟

想要让孩子学会自行管理时间，家长可以从以下几点进行尝试。

1. 把时间具体化

通过具体事情让孩子认识时间的长短，把时间具体化，填充进具体的生活事件。比如，让孩子来猜想一分钟能做成哪些事情，孩子可能会回答：喝水、上厕所、洗手、穿衣服、画画、搭积木等，然后让孩子把自己的猜想付诸实践，看看这些事能否在一分钟之内完成。通过这种实践，孩子对一分钟的概念就有了具体的认识。

2. 让孩子自己设定时间

每次做事前，让孩子自己选定合理的时间去完成。第一次设定时间时，家长可以做参谋，设定的时间可以富余一些，让孩子能提前完成，以使其获得成就感。然后，让孩子自由支配完成后留出的空余时间，这样他就能体会到抓紧时间的好处。

3. 增加计时性活动

家长不妨多和孩子一起进行计时阅读、计时记忆、计时答题、计时劳动的小比赛，家长和孩子在相同时间内做相同的事情，看谁做得快、做得好，孩子的好胜心会让他们一改往日拖沓的习惯。

| 第二单元　问题篇

- **家长自画像**

在面对孩子没有时间观念的问题时，各位家长们都是怎么处理的呢？请讲述一下自己的方法，并请根据案例与分析，对自己的教育方法进行评价和反思。

1. 教育评价（请为自己的表现打星，最满意请涂满五颗星）

我对孩子的了解 ☆ ☆ ☆ ☆ ☆

我与孩子的交流 ☆ ☆ ☆ ☆ ☆

问题的处理效果 ☆ ☆ ☆ ☆ ☆

家长自我总评分 ☆ ☆ ☆ ☆ ☆

2. 教育反思

_____

_____

_____

- **亲子总动员**

制定"活动时间表"

和孩子一起制定一张"活动时间表"。比如，晚上在家的作息时间、几点钟看动画片、几点钟玩游戏、几点钟刷牙、几点钟上床睡觉、几点钟起床等。家长可以协助孩子在表示时间的地方画上生动、直观的时钟，并且在家里放一个真正的时钟当参照。

刚开始按表执行时，家长需要在某个活动快要结束或开始的时候，提前几分钟告知孩子，让他有心理准备。时间长了，就让孩子自己去看时间、把握时间。

时　　间	活　　动

- **成长格言**

  一寸光阴一寸金，寸金难买寸光阴。

  ——（唐）王贞白《白鹿洞二首》

| 第二单元　问题篇

孩子不重视小学科

·教育小剧场

芊芊成绩优异，数学学习轻松自如，语文、英语也不费力气。但是在小学科上，芊芊很不重视，老师布置的手工作业、网上作业、小课题探究等，芊芊要么当作没看见，要么就是马马虎虎应付一下。妈妈心里不满意，觉得这也是老师布置的作业，也要孩子认真完成，于是说："这些学科虽然不是主科，但以后也有很多用处，你为什么不上心呢？"芊芊笑着说："小学科又不用考试，那么认真干什么，我只要把语数英学好就没有问题了。"妈妈还是坚持说："这些学科的基础也要打牢才行。""不用着急，等要考试时再说吧。"芊芊还是满不在乎。

·智慧解码

轻视小学科的情况，往往发生在那些学习较好的孩子身上。他们有能力学好，但觉得学了没有什么用处，于是导致了忽视小学科。其中有的孩子是想投机取巧，临时抱佛脚；有的孩子是确实不喜欢，虽有能力但不想在这一科上下功夫；有的孩子是认识上偏激，比如认为小学科毫无用处，因此不重视。

· **教育三分钟**

对待孩子因为各种各样的原因产生的忽视小学科的现状，家长可以采取下面这些方法来进行应对。

1. 用战略眼光看学科

任何一科的学习都不是可以完全独立的。在未来的学习中，各学科相互交叉、相互支撑的部分会有很多，这是很多孩子现在没有办法体会到的。孩子的心态让他们只看到眼前的利益，而不顾及将来。这与他们的年龄有关，与他们的认识水平有关，与他们课业负担过重也有关。又也许，家长说的都是空洞的道理，孩子不清楚到底学习与人生有多大关系，只知道分数的重要性，因此会尽力逃避"不必要"的学习。

不管孩子怎么想，这对他们将来的发展可能不利。所以，家长要引导孩子往长远看，对轻视的科目要更加认真听讲，把所学知识在课堂消化掉，也可以达到节约时间的目的。孩子们更应该意识到，在学校学习的机会错过了就不会再回来了。

讲道理的形式是孩子最不喜欢的，家长说得再好，孩子不去理解，也就谈不上教育了。最好的办法是带孩子去接触现在的成功人士或在职场打拼的人士，请他们谈谈在工作、生活中对知识面广泛与狭窄的体会，这样孩子会有更具体的感觉，但要避免有消极情绪的人和孩子谈话。

2. 避免家庭的负面影响

家庭特殊的氛围和家长的嗜好也会诱发孩子轻视小学科的学习，

造成孩子的偏科。

比如，有些家长一天到晚怨声载道，今天批评这个，明天批评那个，孩子被家长感染了，自然就会把消极的态度带到学习中来。学习不好的时候，就说老师安排学习这样的学科无理，考试害人……轻视学习的时候会越来越多，不好好学习的学科也会增多。

所以家长要积极地看待生活，保持良好的心态，有困难努力克服，少说牢骚话。家长的心态健康，对孩子很有好处，孩子会活泼、向上。家庭中有和谐的氛围，孩子就会在心理和情感上都能良好发展，努力奔着自己心中理想的目标前进。

3. 对学习目的再认识

学习是为了上大学，是为了好工作，是为了可以挣很多的钱——这样认识学习的孩子不在少数。家长应该要让孩子认识到，学习是为了自己不愚昧，是为了生活更有品位，是为了做自己喜欢做的事情。这是一种态度，是对学习的重新定位，会让孩子觉得学习不只是为了分数，不只是为了大学，学习是人生的大问题。

家长在时机成熟的时候，告诉孩子学习的真正意义，就会扩展孩子的眼界，引导孩子对学习目的的认识有质的飞跃。也许家长不能把人生的大目标讲得很透彻，但可以为孩子们选择一些启发人生理想、重新认识生活的书，和孩子一起看看名人传记，从中体会别人走的路与现在自己将要走的路之间的关系。还可以看一些国内外的时事新闻，让孩子更好地借鉴别人的经验。这样孩子就会对学习有新的认识、新的兴趣、新的憧憬，忽视小学科的问题就有希望解决了。

· 家长自画像

当孩子出现忽视小学科的问题时，各位家长们都是怎么处理的呢？请讲述一下自己的方法，并请根据案例与分析，对自己的教育方法进行评价和反思。

1. 教育评价（请为自己的表现打星，最满意请涂满五颗星）

我对孩子的了解☆☆☆☆☆

我与孩子的交流☆☆☆☆☆

问题的处理效果☆☆☆☆☆

家长自我总评分☆☆☆☆☆

2. 教育反思

_____

_____

_____

· 亲子总动员

课外拓展

请你为安排一些孩子不喜欢或轻视的小学科的相关课外活动，让孩子在活动中体会到乐趣，学习到知识，从而消除孩子的偏科倾向。比如，孩子不喜欢体育，可以教孩子羽毛球、乒乓球之类的运动，让孩子爱上体育。

· **成长格言**

　　在寻求真理的长河中,唯有学习,不断地学习,勤奋地学习,有创造性地学习,才能越重山跨峻岭。

——华罗庚

孩子在家不爱劳动

· 教育小剧场

小舞虽然只是个二年级学生,可是从上幼儿园开始,小舞所有的休息日几乎都用来学习各种才艺了,算得上是个小才女了。妈妈也是尽了自己的全力,不仅陪着女儿到处跑,而且把能帮助女儿干的事情全都做了。

这天是国庆长假的第一天,对小舞来说是个难得的休息日。不过小舞早早就起来了,因为今天她和几个朋友约好去公园好好疯玩一下。正当小舞收拾好准备出门的时候,爸爸走进了她的房间提醒小舞:"小舞,晚上回来以后不要忘了把你的房间收拾一下,都快成了小猪圈了!"小舞答道:"爸爸,你就放心吧,我一定收拾得一尘不染。"

可是晚上回来的时候,小舞已经累得不想动了,妈妈心疼女儿,就先让她休息了。日子一天天过去,假期快结束了,可是小舞根本就没有收拾屋子的意思。爸爸很不高兴地说:"你这孩子就知道玩,答应我的事情呢?"小舞说:"爸爸,人家不知道怎么收拾嘛,你帮我一起收拾呀!"爸爸生气地说:"自己的事自己干,都这么大了,还什么都不会干,像话吗!"

小舞很不情愿地回了自己的屋子,开始收拾。没一会儿,小舞

第二单元 问题篇

趁爸爸不注意,又来找妈妈求助:"妈妈,人家还上小学呢,一整个屋子怎么收拾嘛!好妈妈,你帮我弄吧,好妈妈,好妈妈。"小舞又是撒娇又是许愿,最终还是说动了妈妈帮她收拾屋子,她自己接着看电视去了。

爸爸对妈妈说:"你就宠着她吧!这么大的姑娘了,什么都不知道帮家里干。"妈妈说:"孩子难得有个休息的时间,你怎么就不体谅她呢?再说孩子这么小,以后慢慢学不就行了吗?从明天开始我就教她。"话虽然这样说,但是实际上妈妈还是照样大包大揽,小舞还是一有什么事就叫:"妈妈你帮我干吧!"

· 智慧解码

案例中妈妈的做法很有代表性,许多家长也经常这样做。培养孩子的自理能力往往在孩子年龄小的时候被家长忽视,等孩子长大了,因为自理能力差影响到孩子的生活和学习时,家长才发现这个问题的严重。

即便有些家长意识到了孩子的自理能力差,也意识不到孩子的自理能力还会直接影响到孩子感觉动作的发展、认识能力的发展和社会心理能力的健全发展。试想,孩子身体没有力量、没有肌耐力、没有灵活性与协调性,那么身体就不够健康;大小、多少、轻重等序列能力差,前后左右的概念缺失,一定会影响孩子的学习;举一反三的扩展思维能力弱,数学的学习就会越学越吃力,其记忆的广度与深度都将受到影响,并会直接影响孩子的自信心、责任感等能力的发展。

因此，培养孩子的自理能力与孩子的学习、前途和命运息息相关。但一些调查显示，现在孩子的自理能力普遍不高，这对孩子的成长是有一定影响的。

·教育三分钟

对待孩子在家就不爱劳动、懒惰又怕累的情况，家长可以参考以下方法，培养孩子的自理能力和热爱劳动的精神。

1. 家长要改变观念

要改变孩子的依赖性，首先要改变的是家长的观念。

有些家长会说，只要孩子的学习成绩好，以后上好大学，就能找份好工作，即便孩子在生活上自理能力差，请保姆不就行了吗？确实，有一些在生活上依赖家长的孩子学习成绩非常好，有的可以考上大学，找到很好的工作。

但工作和学习所需要的能力是不太一样的。一个在生活自理方面能力比较差的孩子，在工作中遇到实际问题的时候，有可能会不知道如何解决。依赖型的孩子，如果在工作的时候也像指使家长那样指使别人，还认为理所应当，那么在职场上也会碰壁。

孩子在生活上学会了自理、自立，有利于养成比较独立的性格，这样的孩子更有责任心，更能吃苦耐劳。培养孩子的自理能力，可以让孩子在实践的过程中锻炼手与脑的协调能力；独立处理生活琐事的过程能教会孩子做事严谨，考虑问题全面；在独立处理自己面对的问题的过程中，孩子会慢慢积累处理问题的自信心。

2. 从力所能及的小事开始，培养孩子的劳动习惯

在现实生活中，有一些家长怕累着孩子，或者怕孩子做不好，自己重新再做太麻烦，因此不让孩子做一些力所能及的事。还有一些家长认为，吃饭、穿脱衣服等生活技能是不用训练的，孩子长大自然就会了。

其实这些观念都是不正确的。家长要根据孩子的能力进行适当的引导，通过具体、细致的示范，从身边的小事做起，由易到难，教给孩子一些自我服务的技能，比如学会自己洗手、刷牙、洗脸、穿衣服、整理床铺等。这些看上去虽然是很小的事，但实际上给孩子创造了很好的锻炼机会，培养了孩子独立生活的能力。

当孩子完成一项工作后，家长要给予适当的赞扬，当孩子的能力被肯定，他们也会感到很快乐，能有效地提升孩子的自信心。

孩子自己料理个人事务的时候，肯定会有一些地方做得不够好，这时家长们不要急着帮忙，而应该从旁指导，告诉他们一些生活常识或一些小窍门，让他们觉得做家务其实是一件有意思的事情。

3. 让孩子明确自己的责任

家长应该根据孩子的年龄和能力，要求孩子该做什么、怎么做。孩子做事往往是凭兴趣，家长对他要求不明确，孩子是不会坚持下去的。

孩子做得好，家长给孩子鼓励和表扬；孩子想半途放弃或者偷工减料的时候，家长也可以根据一开始讲好的要求对他进行批评和

惩罚。这样孩子才知道，一个人对自己的行为是要负责的。

孩子毕竟是孩子，有时候他们可能并不是有意去逃避劳动，而是一时疏忽，这时家长可以提醒他或给他贴一张备忘字条，或者让孩子自己写下要做的事情。

只要家长认识到孩子的成长必须靠自身的努力，收回那双"帮助"的手，从小就培养和锻炼孩子的自立意识和独立生活能力，孩子就能逐渐意识到劳动的价值，并逐步养成负责、独立的习惯。

4. 家长要学会拒绝

即便孩子明白了家长的用心，但是当孩子觉得累了、懒了的时候可能会继续依赖家长。孩子会通过撒娇、耍赖，或者做出家长期望的承诺等方式来打动家长的心。这时候，家长要学会对孩子说"不"，否则孩子是难有进步的。

当然不是要家长冷冰冰地拒绝孩子，拒绝孩子也要有一定的技巧。比如，当孩子刚开始跟家长撒娇恳求的时候，家长可以微笑摇头或者说过几天再说，然后不再提这件事，让孩子知难而退。孩子如果仍然不肯放弃，继续要求家长给自己帮忙，家长可以进行冷处理，不给孩子回应。

但这种方法不适用于敏感内向的孩子。对于敏感的或者比较懂事的孩子，家长可以告诉他，家长也很累，也需要休息，作为孩子也要理解家长的辛苦。家长可以鼓励孩子，让他相信自己有能力把这些事情都处理好。家长还要跟孩子说明，依赖别人是不能长久的，最终还是要靠自己。

如果讲清了道理，孩子还是坚持非要让家长代劳，那么家长就要坚决拒绝并告诉孩子这是为了他好。

· 家长自画像

对于孩子在家不爱劳动的情况，各位家长们都是怎么处理的呢？请讲述一下自己的方法，并请根据案例与分析，对自己的教育方法进行评价和反思。

1. 教育评价（请为自己的表现打星，最满意请涂满五颗星）

我对孩子的了解 ☆ ☆ ☆ ☆ ☆

我与孩子的交流 ☆ ☆ ☆ ☆ ☆

问题的处理效果 ☆ ☆ ☆ ☆ ☆

家长自我总评分 ☆ ☆ ☆ ☆ ☆

2. 教育反思

_____

_____

_____

· 亲子总动员

劳动制度表

和孩子一起制定一个劳动制度表吧！写下每天家里每个成员应该负责的事情，并定下奖罚措施，调动孩子的积极性，让孩子更好地参与到家庭劳动中。

百分爸妈　家有小儿须鼓励

劳动制度	周一	周二	周三	周四	周五	完成奖励	未完成惩罚
爸爸	例：洗碗						
妈妈	例：做饭						
孩子	例：扫地						

· **成长格言**

勤劳的人会有各种幸运，懒惰的人则只有一种不幸。

——芬兰谚语

第二节　自我与品德

我家孩子爱出风头

· **教育小剧场**

林木经常带玩具到学校向朋友们炫耀,有时带同学到家里来看这些玩具,并不时吹嘘自己的玩具有多好。

爸爸买了一个新手机,早晨出门前却怎么也找不到了。妈妈问林木是不是在他那里,林木却王顾左右而言他。后来,眼看瞒不过去了,才从书包里拿了出来。爸爸伸手去接,林木却没有给爸爸,而是央求爸爸今天让自己带到学校去。

妈妈知道儿子又想去学校炫耀,就故意问:"去学校学习,你带爸爸的手机干什么啊?"林木不说话,但是说什么也不想去上学了。爸爸蹲下来看着林木说:"你们班别的同学也会把家里的东西拿到学校去吗?"林木摇摇头。爸爸接着说:"对啊,别的同学家里其实什么都有,只是和我们家的不一样而已啊,何况爸爸是因为旧手机坏了,才不得不买个新的。同学们的爸爸也有手机,你把爸爸手机拿去，人家只会认为你虚荣。"

爸爸发现林木的态度缓和了，又接着说："你的新玩具可以和大家分享，但是不要总是炫耀。你知道吗，炫耀其实是没有内涵的表现。"林木突然说："哦，难怪上周小彭拿了家里的摄像机去学校，同学们都看了看，但是以后就不和他玩了。那我就不拿手机去学校了。"爸爸和妈妈相视而笑。

·智慧解码

在学习中或者生活中，孩子不乏喜爱炫耀的情况，不是吹嘘自己的"特殊身份"就是显摆自己的某种优势，只要到了一定场合，就喜欢渲染，让自己的头上多一道光环。他们对自己的"吹嘘"并没有任何恶意，因为炫耀是孩子的一种正常行为。

但事实上，炫耀不仅是一个人没有内涵的体现，还会将自己陷入尴尬境地。家长应该要引导孩子要学会正确对待一切事物，尤其是功名和挫折。

·教育三分钟

要引导孩子正确对待功名与挫折，家长们可以尝试从以下几个方面入手。

1. 以身作则

首先，家长们要以身作则，孩子们才能在好的影响下健康成长。如果孩子是因为自己做事情比其他人做得好，就需要家长教导他学会考虑其他人的感受。生活中，父母应该恰如其分地夸奖自己的孩子，避免自己的孩子陷入极端自我欣赏的境地。

在孩子面前，父母需要控制自己贬低他人、吹捧自己的欲望。对父母来说，最重要的就是掌握在自我感觉良好的时候该如何来表达，千万不能一味吹捧自己，伤害他人的自尊。不然，孩子会像父母一样，喜欢吹捧自己、贬低他人。

2. 让孩子明白攀比的坏处

孩子都有这样一个阶段，看到别人有的东西自己没有会觉得失落；自己有的东西如果别人没有，又很想炫耀一番。如果孩子回家说："别的小朋友有某个东西，我也要。"家长就要给孩子分析，这东西是否必须买，是否会超过家长的承受能力。要告诉孩子，家长挣钱不易，让孩子明白攀比的坏处。

3. 告诉孩子他（她）最特别

孩子炫耀很多时候是想显得特别，吸引人注意。父母可以在日常生活中告诉孩子："你是最特别的，爸爸妈妈都非常爱你，虽然我们家房子没有其他小朋友家的大，但我们很温馨；虽然我们家没有私家车，但爸爸妈妈都很愿意骑车护送你。"让孩子觉得自己很受重视，即便物质条件不如别人也不会自卑。

如果忽略孩子攀比和炫耀的情况，将来甚至会影响到孩子的价值观，很多中学生爱穿名牌服装、出入高档场所，甚至看不起父母，都是从这样的小事开始的。

·家长自画像

在面对孩子爱出风头、喜欢炫耀的问题时,各位家长们都是怎么处理的呢?请讲述一下自己的方法,并请根据案例与分析,对自己的教育方法进行评价和反思。

1. 教育评价(请为自己的表现打星,最满意请涂满五颗星)

我对孩子的了解☆☆☆☆☆

我与孩子的交流☆☆☆☆☆

问题的处理效果☆☆☆☆☆

家长自我总评分☆☆☆☆☆

2. 教育反思

_____

_____

·亲子总动员

情景扮演

请家长和孩子进行一次情景扮演,由家长来扮演一个爱出风头的孩子,和孩子一起玩耍,问问孩子的感受和想法,让孩子明白爱出风头的人是不会被喜欢的。

第二单元　问题篇

> **· 成长格言**
>
> 　　真正有学识、有涵养的人,是不会刻意炫耀自己的。
>
> ——(美)大卫·汉生

百分爸妈　家有小儿须鼓励

我家孩子推卸责任

· **教育小剧场**

小毅和小铮都是三年级的新生，两个人很投缘，一见面就能开心地聊起来。他俩正好是前后座位，课间经常一起活动，很快成为无话不谈的好朋友。

一天，两个人看到操场边上停了几辆老师的小汽车，一起走过去欣赏。小毅突发奇想说："小铮，咱俩看看哪辆车的减震性能好，怎么样？"小铮非常赞同，因为他也很好奇。于是他们将身体压在每辆车的前身上，使劲地上下晃动，"实验"顺利进行。

放学了，一位老师开车回家的时候，突然发现自己车的方向盘发生了故障，车也开始漏油。经检查，这辆汽车出现的故障正是小毅和小铮的"实验"造成的。第二天老师分别找他们了解情况，两个人争先把责任推到对方身上，指责是对方的问题。

· **智慧解码**

在小毅和小铮的身上，我们看到的就是典型的"逃避责任，只求自保"的自私行为。平时在家，父母工作忙，很少有时间管他们，孩子没有从父母身上学会承担责任；爷爷奶奶照顾他们时，一味溺爱，孩子更加不会学到如何承担责任。这些都造成了孩子"逃避责任,只求自保"的处理问题方式。老人和父母一方无原则地袒护,另一方恨铁不成钢地严管,也会使孩子出现逃避自保的自私行为。

·教育三分钟

当孩子出现上述表现后,家长不要着急,正确的态度应该是冷静分析孩子"逃避责任,只求自保"的自私表现是怎样形成和发展起来的,然后"对症治疗"。

1. 让孩子想到推卸责任的不良后果

在某种程度上,逃避责任就是人在面对困难时,想要自保的一种本能反应,因此,孩子采取这种行为方式不足为奇。但这种方式真的能够自保吗?真的可以逃避责任吗?一定不能!

我们做错事时,就要承担相应的责任,没有人可以逃避。勇敢承担责任的人才能得到大家的谅解,甚至会因此受到称赞。很多孩子在成长的过程中,也受到了很多这样的鼓励,他们也为自己能承担责任而自豪过。可长大后做了错事却想方设法地推脱责任而自保,这是因为孩子害怕受到责骂或者惩罚。但是一旦逃避责任,后果将更严重。

案例中的两个孩子如果知道自己错了,来共同承担责任,共同经历这样一次不寻常的事情后,一定会成为相互了解、彼此信任的好朋友。可现在他们却因为推卸责任而失去朋友,还要被迫接受惩罚。所以,家长要告诉孩子,自私地推卸责任,损失将会更加惨重。

2. 引导孩子主动反思

一般来说,孩子做出错事后都会陷入懊悔和自责中,心情沉重。

此时恰好是教育的良机，因为内疚和不安使他急于求助，而此时孩子明白的道理有可能让他刻骨铭心。

特别重要的是，当孩子因为自私而对别人造成伤害后，要让孩子品尝一下自己酿的苦酒，不敢面对、不负责任，等于在给自己酿更多的苦酒。就像孩子在炉子上被烫了一下，下次他绝对不会再烫着是一样的道理，家长要给孩子心"疼"的机会，给他一个烙印，以后他才会少犯错误。通过这件事吸取了深刻的教训，意识到：做错了事情就要自己承担责任，不应逃避责任，这样才不会背上沉重的心理负担，不会陷入自责之中。

3. 让孩子独立承担责任

其实父母在教育孩子时，很多时候也是有自私心理的，如替孩子承担一切，淡化孩子的责任，因为家长自私地认为："这是我的孩子，他吃亏我心里比他还难受！"家长帮助孩子是为了安慰家长自己脆弱的心，而不是为了培养孩子，这并不利于孩子的成长。孩子习惯有问题就往家长怀里躲，这无法增长其勇气。

我们往往是批评孩子，然后由家长承担责任。批评孩子使孩子怯懦，不让孩子承担责任亦无法培养孩子的勇气，在这样的双重夹击下，孩子自私地推卸责任也就不足为奇了。

·家长自画像

当孩子遇到问题喜欢推卸责任时，各位家长们都是怎么处理的呢？请讲述一下自己的方法，并请根据案例与分析，对自己的教育方法进行评价和反思。

1. 教育评价（请为自己的表现打星，最满意请涂满五颗星）

我对孩子的了解☆☆☆☆☆

我与孩子的交流☆☆☆☆☆

问题的处理效果☆☆☆☆☆

家长自我总评分☆☆☆☆☆

2. 教育反思

_____

_____

_____

· 亲子总动员

说说责任感

请家长与孩子进行一场关于责任感的讨论。

首先，让孩子说说对责任感的认知、想法。

然后，由家长跟孩子讲述一些与责任感相关的故事，和孩子一起针对故事进行讨论，通过故事的形式，让孩子感悟责任感的重要性。

· 成长格言

尽管责任有时使人厌烦，但不履行责任，只能是懦夫，不折不扣的废物。

——（美）刘易斯

我家孩子没有主见

· 教育小剧场

从小，小杰所有的事情都是父母安排好的，自己从来就不用操心，遇事从不会自己拿主意，是众人眼里的乖宝宝。

学校里的音乐课要求每个同学至少学习一种乐器，可供选择的乐器不下10种。几乎每个同学都挑选了自己喜欢的乐器，只有小杰不知道该选哪个，只好回家问妈妈。妈妈满不在乎地回答："那就随便选一个吧，反正音乐也不是那么重要。"妈妈没有征询小杰的意见，就决定让小杰学习小提琴。

得到妈妈给的答案，小杰第二天把选择告诉了老师。老师问："你很喜欢小提琴吗？"小杰很冷静地回答："不知道，是妈妈决定的，我学什么都无所谓。"

· 智慧解码

孩子对父母的依恋自出生之日起就存在，健康积极的依恋是孩子健康成长的催化剂，可以让孩子从父母那里得到安全感，有助于孩子顺利成长，这也是我们所提倡的。

但在孩子依恋父母的同时，家长们要不时地去观察、感悟，不要鼓励孩子盲目依恋，否则就会形成依赖，久而久之，孩子就会失去自己的主见，失去思考能力和行动能力，没有家长陪伴就什么事情也不能做，这不利于孩子的健康成长。

·教育三分钟

成长是一个循序渐进的过程，想要矫正孩子的依赖心理，家长不要嫌孩子添乱、费时，也不要嫌他做得不好，应以鼓励为主，对孩子的参与和进步做出充分肯定，勉励他下次做得更好。家长们可以尝试从以下几个方面入手。

1. 家长不要管得过严

孩子顺从、乖巧，一般是很讨人喜欢的，会给人懂事的感觉。不过任何事情都有一个限度，超过了限度就会产生负面效果。虽然家长都不喜欢动不动就顶撞父母的孩子，但也绝对不会喜欢一个像绵羊一样过于顺从的孩子。孩子过于顺从，任何事情都由父母来决定，明明是自己的事，却一副事不关己、高高挂起的样子，袖手旁观、悠然自得；本来自己能决定的事情，不管家长忙不忙都非要问家长，家长不烦才怪呢。家长还会着急："孩子什么时候才能长大呢！"

其实孩子一天天在长大，只是在家长眼里孩子永远是孩子。孩子过于顺从并不一定是孩子长不大的表现，很多情况下是因为我们家长从小对孩子管得太严了，使得孩子失去了拥有自己思考的权利，孩子变成了家长的附庸。为避免家长的惩罚，孩子会采取自我保护措施，尽量满足家长的要求，并从中得到好处——自己不费脑筋和力气。家长过于严厉就会禁锢孩子的发展，使得孩子的思维缺乏灵活性，做事死板，这样的孩子长大是不会受社会欢迎的。

2. 创造机会让孩子自己做决定

家长要注意培养孩子的独立意识，抓住机会或创造机会让孩子自己做决定，不管结果如何，首先对孩子的选择进行肯定。即使孩子选择得不完全正确，也要及时鼓励，给孩子自信，让他体验自己做主的快乐。

这样的机会很多，比如周末准备带孩子玩，就可以让孩子自己选择，是去游乐园、动物园还是科技馆，同时让孩子说出选择的理由。在孩子"独立自主"时，家长不要干涉过多。如果一方面要求他自立，另一方面对他这也限制、那也约束，会让孩子感到左右为难，产生怠慢情绪，甚至恢复到以前那种诸事只求"外援"的局面。

家长要对孩子主动提出的要求做出及时、亲切的回应，不要模棱两可，更不可粗暴拒绝。挫伤孩子的积极性。对孩子合理的要求给予支持、满足；反之则应予以明确拒绝。同时不要忘记向他讲明支持或拒绝的原因。

3. 孩子向家长要主意时反问孩子

为了避免孩子事事依赖家长拿主意，自己不动脑筋、不费力气，家长在教育孩子的过程中要学会观察，采取主动。

最简单的就是孩子向家长讨主意时，家长要学会反问孩子，让他首先讲出自己的想法，说说为什么想这样做。家长对孩子敢于说出自己想法的行为要给予鼓励。如果家长觉得孩子的想法存在问题，要用协商的态度提出来，不要用强硬的口气讽刺、挖苦，要让孩子感到父母的支持，从而更愿意说出自己的想法和家长探讨。

比如孩子要学轮滑，家长可能认为孩子还小，协调能力差，容易摔跤，怕孩子吃苦，所以极力阻拦孩子。如果我们改变一种方式，在孩子说要学轮滑时告诉孩子："学轮滑是有风险的，可能不小心会擦伤，会很疼的，不过爸爸妈妈会尽力帮你做好保护措施，比如戴上护膝和帽子等，这样你自己再小心一点儿，一般就没事。"然后让孩子自己选择是否现在学，如果他不怕摔跤坚持学，那就一定让他学，让他体验自己做主决定的乐趣。

· **家长自画像**

当孩子遇到问题喜欢推卸责任时，各位家长们都是怎么处理的呢？请讲述一下自己的方法，并请根据案例与分析，对自己的教育方法进行评价和反思。

1. 教育评价（请为自己的表现打星，最满意请涂满五颗星）

我对孩子的了解☆☆☆☆☆

我与孩子的交流☆☆☆☆☆

问题的处理效果☆☆☆☆☆

家长自我总评分☆☆☆☆☆

2. 教育反思

_____

_____

_____

· **亲子总动员**

为兴趣做决定

请你仔细观察孩子的兴趣所在,并将孩子的兴趣由高到低依次排列,由孩子自己来决定自己喜欢什么。然后,和孩子一起进行讨论,看看如何拓展孩子的兴趣爱好。

· **成长格言**

什么事都自己动脑筋的人是最值得称道的。

——(古希腊)赫西奥德

第三节　沟通与交往

孩子总是双重标准

· **教育小剧场**

小明很有能力，从小学起就担任班长，工作认真负责，老师觉得他是一个很好的班干部。但同时老师也发现，小明在同学中的威信并不高，这令老师很难理解。

这天上自习课，老师故意在教室门外没有进班，想观察一下小明的表现，老师看到了下面的情景……

"都别说话了！"小明喊着，"老师说了自习课不能讲话，一会儿老师来了我向他告状，到时候你们就惨了。"班上的同学都只好默不作声。可过了一会儿，小明自己拿着书跑到了学习委员那里："这题我不会做，你给我讲讲吧。"学习委员很无奈，但还是给小明讲了题。班上同学都议论起来，自习课乱作一团。小明不耐烦地对同学们喊道："怎么了，我不就是问了一道题吗？我是班长，这点权力都没有？真是的。"

班主任老师终于找到了答案。自习课后，老师找到小明，批评了他。

·智慧解码

孩子在低年龄阶段，约束能力更多来自外界，比如家长的提醒、老师的要求，而自己约束自己的能力不强，要求别人的时候，心里想的都是老师的标准，轮到自己就忘了。此时孩子的双重标准往往并不是出自自私心理。

稍微长大一点以后，分辨能力和自我控制能力增强了，除了心理年龄滞后的孩子还会因为考虑不周全而犯这样的错误，心智水平和同龄人相当的孩子，做事双重标准的原因有可能是出于自私的目的。他们在同伴交往中往往看到的都是别人的缺点和不足，对人挑剔，强调自己的正确，维护自己的利益。

·教育三分钟

孩子这种"严以律人，宽以待己"的问题该如何解决呢？家长们可以参考下面这些方式。

1. 在同伴交往中让孩子知道他人的评价

在同伴群体中，孩子的社交地位具有很大的差异：有的孩子非常受欢迎，有的孩子地位一般，有的孩子非常不受欢迎，有的孩子既没有人欢迎也没有人排斥，是被忽视的一类。

在上面的案例中，小明担任班长，他理应成为非常受同学欢迎的人，但由于小明对自己与对他人双重标准的处事原则，使他成为不受欢迎的人。如果小明看到自己越来越得不到同学的信任，原来的好朋友也疏远他，甚至在班干部改选中可能会落选，他一定会有所醒悟。

人们常说"当局者迷"，很多孩子被蒙在鼓里，从来没有想过同学如何评价他们，即使有人善意地提醒，他们也会满不在乎，被眼前的私利蒙蔽了双眼。家长有责任告诉孩子别人的评价，以及他这样做必须要面对的后果，如失去好朋友的信任，丢掉别人对自己的尊重，甚至自己在不知不觉中心胸变得越来越狭窄，越来越不合群，等等。要让孩子懂得，人们喜欢有同情心、严于律己、宽以待人、有合作意识、顾及别人感受的人；不喜欢自私的人。

家长的话也许孩子现在还听不进去，但不要气馁，总会有一天，孩子遭到了同学的白眼，体会到朋友的冷淡，或者听到别人的批评，孩子就会想起家长的提醒，明白自己失去了什么。

2. 设计情境引导孩子反思

每个人都不是独立于社会而存在的，我们都渴望得到别人对自己的理解。当他人只考虑自己的感受时，我们会感到很不舒服，所以自私的双重标准对双方都没有好处。家长从孩子很小的时候就要引导孩子与人友好相处，多替别人考虑，感受别人的喜怒哀乐，这些都是一个人必备的情商。

孩子遇到别人让自己生气窝火的事情，回到家来总会有些流露，此时请家长与孩子聊聊他的感受，然后告诉孩子，如果你这样做，别人也会有与你相同的感受。家长可以设计相应的情境，让孩子体会：如果别人只考虑个人利益得失，处理问题时搞双重标准，自己会有什么感受？孩子会在反思中认识到自私是不对的。

• 家长自画像

当孩子做事待人总是双重标准时，各位家长们都是怎么处理的呢？请讲述一下自己的方法，并请根据案例与分析，对自己的教育方法进行评价和反思。

1. 教育评价（请为自己的表现打星，最满意请涂满五颗星）

我对孩子的了解 ☆☆☆☆☆

我与孩子的交流 ☆☆☆☆☆

问题的处理效果 ☆☆☆☆☆

家长自我总评分 ☆☆☆☆☆

2. 教育反思

_____

_____

_____

• 亲子总动员

虎大王的双重标准

请你和孩子一起读一读下面这个故事，并问问孩子的感受和看法，再根据孩子的看法和孩子进行讨论，教育孩子待人做事不要双重标准。

小象哭丧着脸向虎大王告状："尊敬的大王陛下,老狐狸给我取了绰号。"

"什么绰号?"虎大王关切地问。

"他叫我'长鼻子'!"

"长鼻子有什么不好!"虎大王笑了,"孩子啊,你们长得这么高大,没有长鼻子那才糟糕呢。这个绰号取得好,很形象嘛!"

小象见大王没有想惩罚老狐狸的意思,只得悻悻地回家了。

小象刚走,小刺猬也来告状了。

"大王,老狐狸给我取了绰号。"小刺猬的声音很轻,简直像蚊子叫。

"大声点!"虎大王一声吼,小刺猬吓得缩成一团,像个小刺球,虎大王一见,便笑出声来。

小刺猬这下放松了一点,提高声音说:"大王,老狐狸叫我'小刺球',您可要为我做主啊!"

"这老狐狸还挺聪明的嘛,"虎大王说,"寡人也觉得你越看越像个小刺球。小刺球好啊,人家知道你是小刺球,就不敢侵犯你了。"

小刺猬灰溜溜地走了,小猴子接着便哭进宫来:"大王啊,老狐狸给我取了个绰号叫'红屁股',您可要为我做主啊!"

"你转过身来让我瞧瞧!"虎大王瞧了瞧小猴的屁股,"扑哧"一声笑道:"绰号和名字不过是一个代号罢了,你们猴子的屁股都成这样了,还怕别人叫吗?没叫你'烂屁股'已经够给你面子了!"

一番话羞得小猴的脸和屁股一样红,低下头离开了王宫。

一会儿又有小兔子哭哭啼啼来告状:"陛下啊,我不想活了,老狐狸给我取了许多绰号:'长耳朵''短尾巴''三瓣嘴''红眼睛'……"

虎大王盯着小兔子"欣赏"了一会,笑着说:"这老狐狸取绰号越来越有水平了,这许多绰号都很贴切、形象、生动……"

"陛下,他还给您也取了绰号呢!"小兔子打断了虎大王的话。

"他给寡人取了什么绰号?"

"他……他叫您'麻脸大王'!"

"什么?!"虎大王暴跳如雷,立即派卫士将老狐狸捉拿归案,不等老狐狸辩解,便张开血盆大口将他咬死了。

・成长格言

己所不欲,勿施于人。

——《论语·颜渊》

第二单元 问题篇

孩子不会关心他人

· 教育小剧场

每个工作日,小强妈妈都十分忙碌。每到下班,妈妈都会拖着疲惫不堪的身体回家,回到家中不仅要买菜、做饭,还要收拾屋子,最重要的是还要照顾儿子小强。

小强上三年级了,按说也应该稍微懂事点了,可他还是整天只顾着玩。这天该吃晚饭了,小强忽然想踢球,可爸爸还没回来,他就要妈妈陪。

"好妈妈,陪我去踢球吧,踢球可好玩了。"小强兴致勃勃。

"乖儿子,爸爸回来再陪你去吧。妈妈今天实在是太累了!"妈妈捂着腰说,"还没踢呢,腰就疼了,再说我还得准备晚饭……"

还没等妈妈把话说完,小强就插嘴说:"不行,我想踢嘛,你一定要陪我玩。"

"我真的很累……"妈妈还没解释完,就被小强拉出了门。妈妈实在是拗不过小强,只好陪着小强玩,直到爸爸回家。

· 智慧解码

孩子考虑他人感受、体谅他人的能力与年龄有关,也与家长的教育有关。家长越早引导孩子去理解他人的感受,给孩子讲解得越多，孩子的理解能力就越强。而现实生活中，家长往往忽略了这个环节。

有一些孩子就被父母宠坏了。家长往往会因为"一切为了孩子"，太过迁就、呵护，甚至溺爱孩子。同时，家长不懂得亲子之间要进行感情沟通，一切活动围绕孩子进行，不提醒孩子考虑他人感受，不要求孩子体谅他人的行为。小强从未接受过这方面的教育，所以只考虑自己，不体谅妈妈。家长教育孩子的失误是造成孩子行为自私的重要原因。

还有一些孩子，他们心里明白别人的感受，但想到自己就要损失的利益时，就不想体谅别人了。这样的孩子不愿意自己吃亏，不惜损害他人来满足自己。

·教育三分钟

当孩子不会体谅他人、不会关心他人、凡事只顾自己时，家长们应该如何正确地教育呢？

1. 游戏法教孩子学会换位思考

我们不妨和孩子一起做一个游戏，让孩子学会换位思考。选择一个愉快的周末，请家长对孩子说"现在请你闭上眼睛，按照我的话去想象一下：现在你是孩子的家长，工作很辛苦，在外面工作了一整天，周末加班到很晚，回到家里很累，儿子非要让你去踢足球，而你还有很多家务要做，房间里乱七八糟，晚饭还没有准备，而儿子一点儿都不理解你，他执意要求去踢足球，你怎么办？"让孩子说说他有什么感想,如果他回答说感觉很不舒服,那就可以引导他体会家长的心情,让他学会考虑别人的感受。

不排除孩子会这样说:"没有什么,让你去踢球,不也是一种放松吗?"孩子得出这样的思考结果,说明他缺乏生活体验,不知道什么是累到了极限,不知道家庭琐事缠身的烦恼。

下一步家长要引导孩子用行动去"换位实践",让孩子得到新的体验。找一个星期天,家长当孩子,让孩子做一天家长——我们把孩子称为"代理家长"。"代理家长"安排一天的生活,家长要听"代理家长"指挥,按"代理家长"要求做。通过换位实践,孩子再说体会时,就会有不同的答案了。

当孩子学会"换位思考",能够考虑他人感受、体谅别人时,就会为自己的自私行为感到羞愧,从而避免许多的烦恼和不愉快。在此过程中,孩子亦能够享受到成长的快乐!

2. 以其人之道还治其人之身

独生子女在学校或许可以做到同学之间互相友爱、互相帮助,但在家庭生活中没有兄弟姐妹,家长又一味地谦让,孩子就容易"倚小卖小",不讲道理。

家长用表扬教育,或者唠叨、说教,孩子都不在意,可以适当地运用"以其人之道,还治其人之身"的方法,在不伤害孩子自尊的前提下实施"惩罚"。

3. 适度冷落以示惩罚

孩子处处以自我为中心,不考虑他人的感受,不体谅他人,这个毛病并非一朝一夕能够改掉的。作为家长要有更多的智慧，根据孩子的不同表现，采取不同方法进行教育。

对于总是振振有词、无理搅三分的孩子，用上面的两种方法可能会给孩子更多矫情的机会，对他们要用冷落作为惩罚。矫情的孩子不听家长的意见，做出自私自利的事情也不认错。家长要学会避开无休止的说教和纠缠，对孩子"冷处理"。家长心里要有一个目标，孩子到什么状态才能够重新和孩子讲话。比如：孩子认错了家长可以告诫孩子一番，恢复原来的关系。但是，很多孩子不是那么容易认错的，他们服软，但不认错；另一些孩子有机会就像刺猬一样竖起浑身的刺来，这时家长要回到冷落状态，等孩子认错才算罢休。

总之，要有一个结果，偶尔可以有"不了了之"，但是，家长的宽容若换不来孩子的进步，就不可以再一次"不了了之"了，再这样做就等于纵容孩子。孩子受到惩罚改正错误以后，家长要适时对孩子进行言语和行动的肯定，不要让孩子感到自己真的不受重视了，被忽视了。让孩子明白，他之所以受到冷落，并不是因为他是个坏孩子，并不是家长不喜欢他，而是不喜欢他做的事情。

· **家长自画像**

面对孩子不会关心、体谅他人的问题时，各位家长们都是怎么处理的呢？请讲述一下自己的方法，并请根据案例与分析，对自己的教育方法进行评价和反思。

1. 教育评价（请为自己的表现打星，最满意请涂满五颗星）

我对孩子的了解 ☆ ☆ ☆ ☆ ☆

我与孩子的交流 ☆ ☆ ☆ ☆ ☆

问题的处理效果 ☆ ☆ ☆ ☆ ☆

家长自我总评分 ☆ ☆ ☆ ☆ ☆

2. 教育反思

_____

_____

_____

·亲子总动员

自制祝福卡

和孩子一起自制祝福卡，让孩子送给身边的亲人、朋友，表达心中的祝福和爱！（制作祝福卡时可以运用到学校的撕纸特色哦！）

> ·成长格言
>
> 　　如果一个人仅仅想到自己，那么他一生里，伤心的事情一定比快乐的事情来得多。
>
> 　　　　　　　　　　　　——（俄）马明·西比利亚克

孩子经常太过较真

· **教育小剧场**

小红是个干什么事都极其认真的女孩子,老师让她当了卫生委员。从当上卫生委员的第一天起,她就下定决心要把卫生流动红旗永远留在自己班,所以无论是谁值日,小红都要一丝不苟地检查,边边角角的地方也不放过。自从她当上卫生委员,班里的卫生就没有被扣过分。可是为此小红也没少得罪人,特别是一些爱糊弄事的男生在背后没少说她神经病、瞎较真儿。

一天,小刚做值日。平时小刚就喜欢糊弄,特别是今天小刚还惦记着和几个哥们儿一起去买新出的游戏,所以做起值日就更是心不在焉。还没扫几下小刚就大喊:"做完了,做完了。"说完也不等检查,拿起书包就跑。

小红一下子把门口堵住了:"不行,你还没扫干净,别想走。这样肯定会被扣分的。"

小刚不耐烦了,看了看表,说:"我还就不干了,现在是放学时间,我才不听你的呢。"

"不行!你必须做到一尘不染才能走……"小红叉着腰说。

小刚无奈地拿起扫帚又扫起来:"行,我老老实实做,你也高抬贵手,放我一马,我今天真的有事。"

小红依然不放:"那不成,你个人的事情能比做值日还重要?"

小刚一听就急了:"一边待着去,这个值日我还就不做了,神经病!瞎较真儿!"说完,小刚狠狠地推开挡路的小红,夺门而出。

·智慧解码

小红认真对待工作并没有错,她的出发点也是好的,相信老师对小红的工作也是比较满意的。可是经过小刚这件事,小红心里恐怕不会好受,认真怎么错了,怎么就成了神经病、瞎较真儿了呢!

这里所说的"较真儿"指的是不达目的决不罢休的执着态度和行为。理解的人为之感动,不理解的人认为是行为怪诞。然而从"较真儿"者个人来说,由于情况不同,有"较"对了的,也有"较"错了的。家长要帮助孩子明白什么时候应该较真,什么时候是不必要的。

·教育三分钟

当孩子做什么事情都喜欢较真的时候,家长可以从下面几个方面对孩子进行引导。

1. 体谅他人,讲述自我

家长要告诉孩子,对自己的工作认真负责并没有错,可是同时也要想到,作为班干部,如果能够处理好和同学们的关系,理解和体谅大家,也让大家理解和体谅你,可以事半功倍。

首先,要学会体谅别人。要知道人和人是有差异的,并不是每一个人做事情的时候都会同样认真，要接受这个事实。像案例中提到的小刚，当小红提醒他值日不认真需要重新做的时候，他没有直接就走了，而是恳求小红今天对他网开一面。如果当时小红能够设身处地为小刚想想，小刚也许真的有急事，帮助他一起完成值日或者想其他的方法帮助他，这场冲突也就可以避免了。认真完成工作当然重要，但是不能认真到不顾别人的感受。

第二，当不被大家理解的时候要向大家解释自己为什么这样认真。解释是为了能够争取更多人的理解和支持，即便仍然有人认为较真儿是多此一举，但是也多少能够明白和体谅一些。

如果不体谅别人，也不争取别人的理解和体谅，那么结果很有可能是不理解的人越来越多，误解越来越深。最终会失去朋友，会被大家有意无意地孤立起来。而自己会觉得很委屈，慢慢地，有可能会对所做的事失去信心。

2. 用智谋，不用强硬态度

在取得了同学们的体谅和理解之后，如果还是采取原来的方法，依然不一定会有好的效果。因为同学们的误解不仅仅是源于"过度认真"的态度，很可能还源于对工作方法的不接受。

比如，小红只是简单地命令同学必须把值日做成什么样子，这就有一定的问题。班干部是为大家服务的，没有权力命令任何人，生硬的命令只能让人讨厌。所以即便取得了大家的谅解，不改变方法，时间长了大家还是会有怨言。所以要想办法运用智谋，调动别人的积极性，让大家开开心心地完成任务。

案例中的小红可以和大家一起做值日。当她认真地用行动带动大家的时候，有一部分同学就会积极地响应；一部分比较懒惰或者个别的同学可能对她的行动无动于衷，小红可以观察一下他们有什么特点，然后对症下药。比如有的同学喜欢听别人夸奖他，那么只要他的值日做得有一点点小进步，态度上有一些改变，就多夸夸他。

对于需要几个同学或者全班同学配合完成的事情，不妨在工作之前先给大家开个动员会，说清工作的重要性、大家要怎样做、请大家提建议等，最重要的是要借此激励同学们带着高昂的情绪投入工作中。

3. 引导孩子反思自己的行为

如果孩子已经使用了上面的两种方法，但是同学们还是觉得他小题大做，太过较真，这时家长就需要引导孩子反思一下自己的行为，是不是真的要求得过火了。

当孩子确实是因为太过认真引起同学们非议的时候，适度的放松会让孩子有更大的回旋余地。如果孩子的行为能够为大多数人理解和接受，只是有小部分人总有意见，家长要开导孩子不要跟他们计较，让老师来主持公道，或者让时间和实际情况来证明到底谁对谁错。

如果孩子自己已经感到茫然，不知道自己的认真是不是过分了，则应该求助老师、家长或是一些比较公正的同学，看看他们有什么好的意见。

• 家长自画像

面对孩子经常太较真的问题时,各位家长们都是怎么处理的呢?请讲述一下自己的方法,并请根据案例与分析,对自己的教育方法进行评价和反思。

1. 教育评价(请为自己的表现打星,最满意请涂满五颗星)

我对孩子的了解☆☆☆☆☆

我与孩子的交流☆☆☆☆☆

问题的处理效果☆☆☆☆☆

家长自我总评分☆☆☆☆☆

2. 教育反思

_____

_____

_____

• 亲子总动员

情景扮演

请和孩子进行一次情景扮演,由家长扮演一个处处爱较真的孩子,和孩子一起玩耍,让孩子感受一下太较真给别人带来的困扰。问问孩子的感受和想法,再根据孩子的看法,对孩子进行适当的教育。

· 成长格言

凡事太过较真，烦恼无处不在。

——佚名

单元小结

在本单元中，我们从3个方面来看，讲述了孩子成长过程中的一些具体问题，帮助家长更好地引导孩子健康成长。在学习与生活上，家长要让孩子培养时间观念，避免孩子的偏科倾向，让孩子热爱劳动；在自我与品德上，家长要避免孩子形成攀比的心理，培养孩子用于承担责任，让孩子有自己的主见；在沟通与交往中，家长要避免孩子对人对己双重标准，要让孩子学会关心他人，避免孩子太过较真……

第三单元

提高篇

【单元导言】

　　每个家长都要面对孩子成长过程中的难题，有的家长对于孩子的问题束手无策，导致孩子的问题越来越多，而有的家长却能对症下药，很好地解决孩子的问题，让孩子成长为一个越来越好的人。在本单元，我们将看看我校的一些优秀家长是怎么说的，从这些家长的身上，学习一些教育技巧和教育良策，让每一个孩子都能健康成长！

要尊重孩子的天性

· 江海好家长

有一天,我家孩子放学回来之后问了我一个问题,他说:"爸爸,你说是先有的爸爸还是先有的儿子呢?"我觉得这个问题很简单,随口就回答了:"当然是先有的爸爸啦。"谁知道他哈哈大笑地说我回答错了,说:"如果没有我这个儿子,你怎么可能成为爸爸呢?所以应该是先有的儿子。"其实这是一个很简单的问题,但是我仔细思考了一下,确实,我们所有人都是在一个孩子来到之后才变成爸爸妈妈,和孩子一起学习,一起成长。

教育不是简单的三言两语,一龙生九子,九子各不同。这是指孩子的本性,即性格、爱好、接受能力、认识能力等,同时受家庭环境的影响,如遗传基因、家庭经济环境、家长工作特点、文化程度、道德修养、生活经验等,每个孩子都有不同的发展取向,在成长过程中如何因地制宜、因材施教,不仅是老师的问题,更是父母的问题。孩子没有优差,只要在对他们教育的过程中施以科学合理的方法加赏识,包括尊重、信任、提醒和等待,我相信所有的孩子都能从成长中获取到学习和进步的动力，并学会拼搏进取从而达到成功。

我们不是完美的，也是在和孩子一起成长，一边犯错一边改正，我们是五十分的父母，但是加上我们的孩子就是一百分。

2015级学生　张梓翀家长

·父母充电站

所有的家长都爱孩子，所有家长都希望孩子能快乐和健康的成长，为什么有些家长的良苦用心孩子不理解，甚至觉得反感呢？

究其原因，我们会发现，孩子对家长的严密监控很反感，好像父母的眼睛每时每刻都在盯着自己，孩子没有一点儿自由支配的时间，想干什么都不行，都得听父母的，所以孩子情绪烦躁。

家长爱孩子，就要寻找最佳爱孩子的方法。孩子渴望自由，家长就要顺应孩子的心理要求，把决定权交到孩子的手上，启发孩子自己做决定。当然，放手不是放任自流，是为了培养孩子的责任心。

家长放手后，孩子的天性会滋生、发展。好奇心是孩子的天性，爱问为什么，爱解决问题，爱思考是好奇心的具体表现，家长要给广阔的自由空间，让孩子的好奇心在思考的土壤上开花结果。

现在许多家长对孩子不放心，喜欢偷偷摸摸地监视孩子，不给孩子的心灵松绑，还要捆住孩子的手脚。父母爱孩子，想了解孩子在想什么，身边发生了什么事是可以理解的，但不要忘了尊重孩子，比较好的方法是与孩子交朋友。孩子感受到家长的尊重，就会对父母产生信任，把父母作为朋友，主动倾诉心中的快乐和烦恼。

　　亲爱的家长们，不要总抱怨孩子不听话，要经常反省自己，想想自己青春期时的感觉，您就理解孩子了。给孩子自由成长的空间，让他们找到自信，找到快乐吧。

> **·成长格言**
>
> 　　和睦的家庭空气是世界上的一种花朵，没有东西比它更温柔，没有东西比它更适宜于把一家人的天性培养得坚强、正直。
>
> ——（美）德莱塞

培养良好学习习惯

·江海好家长

每个孩子都会有他的长处,我家孩子在学校近两年的教育中,学习及各方面都取得了较大的进步,这离不开老师的辛勤培育和同学们的帮助。在家庭教育中,我们也会给予孩子鼓励,引导孩子的兴趣,培养孩子持之以恒的良好学习习惯。

我们的孩子已经步入了三年级。三、四年级是孩子成长的关键期转折期,学习难度便开始增大了,孩子需要兼顾的更多了,如果平时不注意积累,考试很容易"受伤"。

首先,家长要积极配合学校。老师要求家长每天签字是很有道理的,这是督促和了解孩子的有效方式,是联系学校与家庭的互动平台。家长可以及时了解学校的安排,学习内容,学习进度,孩子在学校的表现,哪些方面做得好,哪些方面做得不好。尽管工作很忙,我们还是会抽出时间来监督和协助孩子完成作业,帮助他们查缺补漏,给他讲解不懂的地方。

听很多家长说孩子在做作业的过程中经常粗心大意,我家孩子也不例外。三年级已是一个转折点，因此我们尤其注意正确引导孩子，让孩子学会自我检查并改正错误，这样孩子才能意识到粗心马虎造成的危害。有了自我检查的能力后，孩子才能慢慢克服粗心马虎的坏毛病。

好的学习方法会使孩子的学习轻松自如，我们平时要多请教孩子的老师、有优秀经验的家长，在今后的学习成长道路上，希望家长们都要互相学习、互相沟通，让孩子养成良好的学习习惯。

2015级学生　黄钰霏家长

·父母充电站

好习惯是要在不断重复和练习中逐步形成的，培养孩子良好的习惯不能贪多求全，而应有计划地实施，一个习惯一个习惯地形成。

有的父母总希望能一下子把孩子培养成为一个具有所有好习惯的人，这是不现实的。在这种心态的支配下，父母们往往很焦虑，一会儿让孩子做这个，一会儿让孩子做那个，甚至不顾孩子的年龄特点，给孩子提出过高的要求。但是在孩子还未完全掌握一种能力时，如果家长急于让孩子进入更高的阶段，只会让好不容易才萌发的能力慢慢丧失，这非但不能培养良好习惯，还有可能引起孩子的反感，使孩子抵触父母的要求。要循序渐进地培养孩子的好习惯，家长需要做好以下几点。

1. 从生活点滴开始养成好习惯

为了减少孩子的压力和逆反心理，父母要善于将大目标分解成若干比较容易达到的小目标，从细节和小事开始，比如，一双鞋子如何摆放,手帕如何折叠,洗手要分几步,等等。即使是小事都要有细致的规程,让好习惯从生活中的点滴开始养成。

2. 用加减法培养好习惯

美国行为主义心理学家斯金纳教授认为,行为之所以发生变化,是因为强化作用,因此对强化的控制就是对行为的控制。凡是能增强反应概率的刺激和事件都叫鼓励(即加法),反之,在反应之后紧跟一个讨厌的刺激,从而导致反应率下降,则是惩罚(即减法)。家长在培养孩子的过程中,一定要懂得合理运用加法和减法,对孩子的好习惯要进行鼓励,对孩子的坏习惯要有惩罚。

3. 批评孩子的坏习惯时要讲究方法

批评孩子要注意时间、地点、场合、时机,要有针对性,并注意适度,尤其不能采用"破坏性批评"。比如"你怎么这么蠢?""我早就知道,你是个笨蛋、傻瓜,一点用都没有!""你只有吃饭厉害,饭桶!""没救了,就当没你这孩子……",这些都是不提倡的。

4. 用言语和态度赞赏孩子的好习惯

家长对孩子的好习惯的赞赏应控制在言语和态度上,尽量少用买玩具、买东西吃等鼓励方式,因为这些方式若使用不慎就会变成一种"贿赂"或交易。

·成长格言

起先是我们造成习惯,后来是习惯造成我们。

——(爱尔兰)王尔德

调动学习的积极性

· 江海好家长

我有3个孩子，对每个孩子都有奖有罚，让他们懂得谦让，懂得关心和帮助别人，让他们养成学习习惯。

每天放学第一件事，我都是先看下他们的家庭作业记录，有哪些作业。虽然现在有好多不懂了，但是我去认真查了，他们就会认真做，三人写完作业都会相互检查，然后我再检查和签字。

为了让孩子更积极地学习，我们建立了奖罚制度。当孩子这个星期完成家庭作业的表现好，比如写得快、错误率低，那就有奖励；如果表现不好，那就有小惩罚。比如我家最小的孩子不爱写字，他做错事我就会罚他写字，如果表现好那就会让他选择一件他喜欢的事情去做或者买一本他想买的书。星期一到星期五我是不准他们看电视或者玩手机的，写完作业如果有时间，可以看看课外书。

平时我也会经常鼓励他们和他们说说学校的事，告诉他们在校要大胆的举手发言，不懂的要及时问老师。在家他们三人学习的事情都会互相帮助，家务也都会帮忙做。孩子很懂事，我也觉得很欣慰，相信他们一定能健康成长。

2015级学生　姜雨彤家长

·父母充电站

在人的深层意识里，都渴望得到别人的表扬。尤其是成长中的孩子，更需要家长的鼓励和肯定，在赏识中长大的孩子，不但心理健康，成绩也会出类拔萃。

成长中的孩子，学习是父母最关注的事。每个父母都希望自己的孩子学习成绩好，可好成绩不是在家长的急切盼望和不讲究方法的管教中凭空得到的。孩子在成长中的好与不好，都是家长怎样对待孩子决定的。想要孩子学习好，就要态度诚恳地鼓励孩子，相信孩子一定能做好，告诉孩子只要自己尽力了，就没有什么后悔的。案例中的家长用奖罚制度来调动孩子学习的积极性，这也是对孩子的一种鼓励方式。

家长不应该总在孩子耳边唠叨，比如："快去学习，不要总说累""不是题难是你笨，为什么某某会呢""为什么不多花点儿时间把题弄明白"……这样说，孩子听了会很不开心，也会影响孩子的自信。

家长也不要拿优秀的孩子和自己的孩子比较，应该让孩子跟自己的过去比较，只要有了一点儿进步，就要抓住机会鼓励。鼓励的话，会在孩子的心里化成前进的动力，向前走，达到更高的目标。

有些孩子小时候看起来有些"愚钝"，家长便下定论说孩子没出息、没前途，这样确定孩子的一生实在有点儿早，这样的话也会深深伤害孩子的心，打击孩子的自信，让孩子不敢争取，总觉得自己不行，觉得自己没能力。更多时候，不是孩子没能力，是父母的话，把孩子的能力夺走了。

每个孩子在成长的过程中都会遇到挫折和失败。在孩子受挫时，家长要用孩子的优点和长处鼓励孩子重新振作，帮助孩子分析受挫的原因，让孩子总结教训，以后不再犯同样的错误。当孩子从家长那里得到鼓励，接收到正面的信息的时候，会削弱挫折感，感激父母的理解，把挫折当成动力。

鼓励是孩子是克服自卑，增加勇气的动力，同时给了孩子一个好的心理暗示，告诉孩子"你能行，你一定能行"，激发孩子的成功欲和主动性。

· 成长格言

教育人，就是教育他对未来的希望。

——（苏联）苏霍姆林斯基

培养孩子的自控力

· **江海好家长**

光阴似箭,岁月如梭,转眼间女儿已上三年级了。回想起女儿成长过程的点点滴滴,历历在目,仿佛就在昨天。这其中有过烦恼,也有过疲惫,但更多的是快乐和幸福。在幼儿阶段,我着重培养她成为一个健康乐观、自立自强的人,着重培养孩子良好的生活习惯,尤其告诉孩子要有自控能力。

还记得小学时的一次秋游,那是她离开父母的陪伴,第一次和老师、同学一起出去玩。出发时,我们帮她准备好了吃的和用的。回来时,孩子带着她问同学借的十元钱买的小金鱼,兴高采烈地回家了。

我知道后,觉得很不可思议,认识没多久的同学,也能借到钱?孩子从没花过钱,那也算是第一次自己买东西花钱。可是一想,这次"借钱"也是教育她的一个好机会。

回到家里,女儿察觉到了不对劲,一声不吭地看书。我没有骂她,更没有打她,而是问她一些问题,比如:去哪里玩了、玩得开心吗、金鱼哪里来的、借钱对不对等等，让她自己思考这件事，让她明白什么可以做，什么事不能做。

然后我就告诉女儿，借钱不是不对，问题是你拿钱做了什么？是急需的，还是随意而行？或许孩子还小，或许她只是出于好玩，但是我们拒绝她的随心所欲，才能让她学会自控。

孩子在慢慢长大，在具体的教育过程中，父母要做孩子健康成长的守护者，做孩子文明行为习惯的培养者，做孩子学习兴趣的爱好者，做孩子向社会接轨的桥梁。

2015级学生　翁佳慧家长

·父母充电站

现在家庭对孩子往往过于溺爱，再加上受到年龄的限制，所以刚上学的孩子在生活中往往难以控制住自己。然而，自我控制能力是人类情商的重要组成部分，形成良好的性格对于一个人来说极为重要，因此，家长必须采取有效措施，让孩子学着控制自己。这些措施实施得越早，孩子就越能早点懂事、早点"成熟"。

现实生活中每个家庭都有家规，只不过大部分家庭并没有形成白纸黑字，张贴在墙上，而是在平时的日常生活中通过家长的教诲和行动来贯彻落实，从而规范孩子的言行、塑造孩子的品格。孩子的自控能力较差，而家长"不要这样""不要那样"的说教又容易引起孩子的厌烦，因此家长可以为孩子建立一套行之有效的行为规则，作为孩子判断自己行为的依据，以此来约束孩子的行为。

通过规则让孩子学会自控，下面的每一个环节都不能忽视。

（1）大部分规则都不仅仅是单独立给孩子的，而是爸爸妈妈也要严格遵守，以身作则。比如，要让孩子规律进食，家长自己就要在饭桌上举止规范，不挑食，不浪费。

（2）家长发出的规则指令要明确，让孩子明白自己到底该怎么做。比如，应该对孩子说"坐在椅子上看书"而不是"别趴着看书。"

（3）限制规则的数量，制订5条在所有时间都能执行的规则比制订10条只能在一半时间执行的规则要好。制订太多的规则，却又不能始终如一地实行，还不如不制订。

（4）使孩子守规矩不是一件容易的事，一旦家长订下了规则，就要坚持到底，必须让孩子做到，绝不能"三天打鱼，两天晒网"。持之以恒，孩子才能拥有自控力。

·成长格言

能控制住自己的人，才能掌握自己的命运。

——黄嘉俊

在犯错中教育孩子

· 江海好家长

初为人母的我,看着宝贝一天天长大,是那么可爱、那么乖巧、那么懂礼貌,甜蜜的心都快融化了。然而日复一日,紧张的工作、繁重的家务、各式各样的学习任务……我开始失控了,对孩子会吼叫了。每当我大吼大叫时,孩子看我的眼神,是那么恐惧。后来,我认识到必须立即停止这样的教育方式,要改变自己,改变教育方法。

有一次,孩子最喜欢的小鸡模样的杯子打破了,而且是我第二次给她买的,前面一次也是不小心弄破了,求了我半天才又有的这一只杯子。她哭得很伤心,一把鼻涕一把眼泪在地上拾那个破碎的小鸡。

我并没有骂她,抱起她说:"是不是很难过啊,觉得好可惜,妈妈第二次买的对吧,杯子怎么破了啊?"她声音颤抖地说:"我不该把杯子放在沙发上,然后我玩的时候忘记了,就把它踢到地上了。""那杯子是陶瓷做的,很容易碎的,要吃一堑长一智。""妈妈,我知道了以后不会把杯子放在沙发上了。"之后我在她脸上亲了亲,拍了她一下小屁屁,让她去玩了。从那以后,孩子就没有摔碎杯子了。孩子的每一次犯错都应该是学习的机会,而不是谴责的机会。

现在有好多孩子都是爷爷奶奶带的,祖父母的年纪大了,精力十分不足,也容易发脾气。很多父母都承受着巨大的压力,睡眠不足、没有时间锻炼身体,这些都是影响健康的生活方式,也会让我们家长变得更加焦躁和易怒。所以,要通过一些细小的改变来减少压力,对孩子宽容一点,也对自己宽容一点。

有句话让我记忆犹新,孩子的心灵是一块神奇的土地,播上思想的种子,就会获得行为的收获;播上行为的种子,就会获得习惯的收获;播上习惯的种子,就会获得品德的收获;播上品德的种子,就会获得命运的收获。让这个世界充满爱,相信明天会更好!

2015级学生　叶子涵家长

·父母充电站

每个孩子都会犯错,许多家长会对孩子的错误进行惩罚。现在,家庭教育知识日益普及,怎样教育孩子已成为家长们普遍讨论和关心的话题,大多数家长比较认同"重教轻罚"的教育理念,不希望再用打骂的手段来惩罚孩子的肉体和心灵,而在寻找更科学的手段来达到警醒孩子、督促孩子改正错误的方法。

在孩子犯错时,家长不要急着批评,最好用幽默、风趣的语言使他明白自己的错误,改正错误。教育孩子不能再用传统的强硬的教育方式,要动脑筋,用技巧,用鼓励代替惩罚有时效果更好。当孩子得到家长鼓励时,也感受到了家长的信任。

家长们可以采取以下技巧,来代替孩子犯错时的惩罚。

(1)对孩子的行为表示强烈的不满。

(2)让孩子帮自己做事。

(3)给孩子改正错误的机会。

(4)明确告诉孩子自己的期望。

(5)让孩子承受自己错误的后果。

(6)提供几种惩罚让孩子选择。

(7)冷落,即用沉默惩罚孩子,促使其自我反省。

(8)让孩子总结错误带来的教训。

(9)告诉孩子你对他的行为很失望。

(10)对孩子说,这是个意外,他能做得更好。

家长教育孩子时,要先懂得反省自己,认识到世界上没有完美的人,每个人都有自己不想让人知道的缺点和自己觉得骄傲的优点,虽然是成人,可也有犯错的时候,为什么不能宽容孩子的错误呢?孩子做错事没关系,只要改正了,今后不犯同样的错误,就会成为优秀的人。

·成长格言

正路并不一定就是一条平平坦坦的直路,难免有些曲折和崎岖险阻,要绕一些弯,甚至还难免会误入歧途。

——朱光潜

单元小结

本单元中，我们选取了5个优秀家长案例，也从这5个案例中学习到了许多教育方法和技巧。作为一个好家长，要尊重孩子的天性，要帮助孩子培养良好的学习习惯，要调动孩子对学习的积极性和主动性，要培养孩子的自控力，要让孩子通过自己犯的错误得到成长……

家长必读

家庭教育的十大方法

1. 树立榜样

榜样是一种教育孩子的重要方式。同学、邻居、教师、英雄模范人物、文艺作品中的正面人物、革命领袖的优秀品质,都可以是孩子学习、模仿的对象。

2. 环境熏陶

家长要有意识地创造良好的生活环境,处理好家庭成员之间的关系,坚持正确的道德行为为准则,形成团结和睦的家庭气氛,建立井井有条的生活秩序,以陶冶孩子的美好情操。

3. 批评惩罚

批评和惩罚都是对孩子不良思想与行为的否定。批评时不要讽刺,不要奚落,不要谩骂;惩罚主要是剥夺某种权利,而不是体罚,不是侮辱人格和摧残身心。

4. 指导安排生活秩序

良好的生活秩序是培养孩子良好习惯的有效方法。指导孩子安排生活起居，布置好生活环境，教孩子学习安排和利用时间，使之有条不紊。

5. 说服教育

说服教育的具体做法有两种：①谈话，家长根据孩子的思想实际，摆事实，讲道理，谈话要有针对性、灵活性，态度要和气，不要板着面孔、居高临下地训斥、挖苦；②讨论，家长与子女共同讨论。讨论时要尊重孩子，耐心倾听其意见，有不正确的观点，也要耐心地讲道理，使子女明辨是非。家长观点不正确要勇于承认。

6. 实际锻炼

实际锻炼的内容相当广泛，如适应周围环境，锻炼身体，生活自理，家务劳动，独立作业，文明礼貌，社会交际等。进行实际锻炼，首先要孩子明确目的和意义，提出具体要求，鼓励他们克服困难，坚持到底。锻炼内容要适合孩子的年龄特征和个性特征，从他们的实际能力出发，交给的任务和提出的要求必须适当。要允许孩子在实践中有失误，不可过分苛求。家长不能因怕孩子吃苦而中途停止锻炼。

7. 表扬奖励

表扬奖励是对孩子的思想行为给予肯定和好评。通过肯定和好评，以加强孩子进取心和荣誉感，争取更大的进步。表扬奖励要实事求是，要及时，要说明原因，并且应以精神奖赏为主，物质奖赏为辅。

8. 指导课外阅读

指导孩子阅读书报杂志，从中吸取有益的精神营养。家长要掌握孩子阅读的内容，和孩子一起讨论，引导孩子通过阅读增长知识，开阔眼界，受到精神陶冶。

9. 利用家庭电视

孩子可以从看电视中得到许多知识，增长见识，要充分利用。但是要注意，看电视不能没有选择，也不能时间过长。看完电视最好和孩子交谈，讨论电视内容。

10. 带领子女外出接触社会

带领孩子到公园、风景区、商店、工厂、农村去，或者去访问同学、亲友，进行社会交往，使之开阔眼界，接触社会，认识社会。

图书在版编目(CIP)数据

百分爸妈 / 褚红辉，沙秀宏主编 .— 上海：上海社会科学院出版社，2020
 ISBN 978-7-5520-3205-5

Ⅰ. ①百… Ⅱ. ①褚… ②沙… Ⅲ. ①家庭教育 Ⅳ. ①G78

中国版本图书馆 CIP 数据核字(2020)第 109044 号

百分爸妈

主　　编：	褚红辉　沙秀宏
责任编辑：	杜颖颖
封面设计：	黄婧昉
出版发行：	上海社会科学院出版社
	上海顺昌路 622 号　邮编 200025
	电话总机 021-63315947　销售热线 021-53063735
	http://www.sassp.cn　E-mail: sassp@sassp.cn
照　　排：	南京理工出版信息技术有限公司
印　　刷：	上海天地海设计印刷有限公司
开　　本：	890 毫米×1240 毫米　1/32
印　　张：	15.5
字　　数：	305 千字
版　　次：	2020 年 11 月第 1 版　2020 年 11 月第 1 次印刷

ISBN 978-7-5520-3205-5/G·942　　　　　　定价：69.80 元(全五册)

版权所有　翻印必究